tdecke.de

Entdecke die Pinguine

Thomas Schmidt

Titelbild: Kaiserpinguin-Küken steht auf dem Eis
Rückseite: Humboldtpinguin
Seite 1: Kaiserpinguin
Seite 2+3: Kaiserpinguin und Adeliepinguin (rechts)

4. Auflage 2026

ISBN: 978-3-86659-251-3

An der Kleimannbrücke 39/41
48157 Münster
Tel.: 0251-13339-0
Fax: 0251-13339-33
E-Mail: verlag@ms-verlag.de
Home: www.ms-verlag.de
Geschäftsführung: Matthias Schmidt
Layout: Ann-Christine Ottenjann
Bildredaktion: Thomas Schmidt
Lektorat: Kriton Kunz
Druck: Drusala, Dobrá

Titelbild: WILDLIFE/S.Muller
Rückseite: Thinkstock Images International/Eric Isselée
Vorsatz: mauritius images/WorldFoto/Alamy

Thinkstock Images International
Seite 1: Fuse
Seite 2+3: Jan Will
Seite 4+5: Musat
Seite 7: oben: Paulina Lenting-Smulders
Seite 8: Fuse
Seite 9: links: McKelvey
Seite 9: rechts: Coldimages
Seite 10: oben rechts: Tom Brakefield
Seite 12: Fuse
Seite 13: Fuse
Seite 14+15: IMNATURE
Seite 16: Mitte: Jupiterimages
Seite 16: unten: Bernard Breton
Seite 17: oben: Karel Gallas
Seite 18: Mitte: BRULOVE
Seite 18: unten: michaklootwijk
Seite 19: unten: Musat
Seite 20+21: Fuse
Seite 21: steve estvanik
Seite 22: oben: Jacynthroode
Seite 22: unten rechts: Louise Cunningham
Seite 23: oben links: Fuse
Seite 23: unten: Fuse
Seite 26: Marchcattle
Seite 27: oben links: javarman3
Seite 27: oben rechts: MikeLane45
Seite 28: BluezAce
Seite 28+29: Stockbyte
Seite 30: Eric Isselée
Seite 31: Eric Isselée
Seite 34+35: Frizi
Seite 46+47: Bartus Hendrikse
Seite 53: Fuse
Seite 54+55: Eric Isselée
Seite 56: Fuse

WILDLIFE Bildagentur GmbH
Seite 5: oben: S.Cordier
Seite 6: oben: Pölking, F./Juniors
Seite 7: unten: N.Wu
Seite 10: oben links: A.Sarti
Seite 10: unten: M.Harvey
Seite 11: Juniors Bildarchiv
Seite 17: unten: D.Hosking
Seite 18: oben: P.Oxford
Seite 19: oben: Photoshot/Juniors
Seite 22: unten links: C.Gomersall
Seite 23: oben rechts: Biosphoto/Juniors
Seite 24+25: S.Eszterhas
Seite 25: D.Tipling
Seite 27: unten links: D.J.Cox
Seite 27: unten rechts: M.Harvey
Seite 29: JBS
Seite 32+33: D.J.Cox
Seite 33: Meurs, v.R./Juniors
Seite 35: S.Muller
Seite 36+37: Meurs, v.R./Juniors
Seite 36: D.J.Cox
Seite 38+39: Die Naturfotografen
Seite 39: Die Naturfotografen
Seite 40+41: P.Oxford
Seite 42+43: M.Harvey
Seite 43: J.-L. Klein & M.-L. Hubert
Seite 44+45: Photoshot/Juniors
Seite 45: I.Elsner
Seite 46: D.Hosking
Seite 48+49: H.Rappl
Seite 49: D.Tipling
Seite 50: J.-L. Klein & M.-L. Hubert
Seite 51: oben: H.Rappl
Seite 51: unten: J.-L. Klein & M.-L. Hubert
Seite 52+53: P.Oxford

Inhaltsverzeichnis

Willkommen in der erstaunlichen Welt der Pinguine

Pinguine sind tolle Vögel! Sie haben nicht nur ein ganz charakteristisches, putziges und liebenswertes Aussehen, sondern zeigen auch viele bemerkenswerte Verhaltensweisen. Wir Menschen haben diese wundervollen Tiere längst in unser Herz geschlossen, und sie sind aus unserem Alltag nicht mehr wegzudenken. Es gibt Pinguine als Plüschtiere, als Comic-Figuren oder als lustige Motive auf Postkarten und T-Shirts. Ein Film über Pinguine wurde sogar zu einem internationalen Erfolg. Er heißt „Die Reise der Pinguine“ und zeigt in beeindruckenden Aufnahmen Einzelheiten aus dem Leben der Kaiserpinguine.

Diese beiden Humboldtpinguine scheinen unter Wasser zu fliegen

In einigen Zoos kannst Du Pinguinen beim Tauchen zuschauen

Sicher möchtest Du Pinguine aber nicht nur im Film oder auf Glückwunschkarten sehen, sondern als lebendige Tiere. Besuche dazu doch einmal einen Zoo! Wenn der Pfleger zur Fütterung Fische ins Wasserbecken wirft, kommen die sympathischen Frackträger im aufrechten Gang angewatschelt. An Land bewegen sie sich nämlich recht tollpatschig. Ganz anders dagegen im Wasser: Dort schwimmen Pinguine flink und elegant und schnappen sich die hineingeworfenen Leckerbissen.

Wie alle Vögel besitzen natürlich auch Pinguine Federn. Da sie allerdings nur Stummelflügel haben, können sie überhaupt nicht fliegen. Das brauchen sie aber auch gar nicht, denn die vorwiegend schwarz und weiß gefärbten Vögel konnten sich im Lauf ihrer langen Entwicklungsgeschichte einen neuen Lebensraum erobern und sich diesem hervorragend anpassen: dem Meer! Aus ihren Flügeln wurden Flossen, aus Füßen und Schwanz Ruder. Statt zu fliegen, schwimmen Pinguine exzellent.

Im extrem kalten Schneesturm müssen Kaiserpinguine Temperaturen bis zu minus sechzig Grad Celsius aushalten

Manche Pinguine mögen es eisig kalt. Besonders frostige Temperaturen hält der Kaiserpinguin aus. Er wohnt wie alle Pinguinarten auf der Südhalbkugel der Erde und hat sich einen extremen Lebensraum „ausgesucht“: Sein Zuhause ist die Eiswüste der Antarktis. Dort gibt es immer wieder Schneestürme, und es kann bis zu minus sechzig Grad kalt werden. Der Kaiserpinguin ist an diese lebensfeindlichen Verhältnisse jedoch bestens angepasst.

So besitzt er beispielsweise eine dicke Fettschicht und ein dichtes Federkleid. Sie verhindern, dass er Körperwärme an die Umgebung verliert, sodass es der Kaiserpinguin schön warm hat und nicht frieren muss.

Nur selten allerdings wirst Du die Gelegenheit haben, einen Kaiserpinguin im Zoo zu bewundern. Es ist nämlich sehr aufwendig und teuer, unter den hiesigen Bedingungen eine künstliche Eis- und Schneelandschaft zu schaffen. Eher kannst Du Humboldtpinguine beobachten. Sie sind leicht zu halten, da sie kein Problem mit unserem Klima haben. In ihrer Heimat, der Pazifikküste Südamerikas, sind sie sogar Temperaturen bis zu plus 40 Grad gewöhnt. Deshalb suchen sie sich zum Brüten ein kühleres Plätzchen in einer Lehmhöhle oder einer Felsgrotte. Ja, Pinguine leben nicht immer nur in Eis und Schnee!

Du möchtest jetzt sicher noch viel mehr über die erstaunliche Welt der Pinguine erfahren und freust Dich auf spannende Informationen. Wo sind diese interessanten Vögel zu Hause? Wie sind sie an ihre Lebensräume angepasst? Was steht auf dem Speisezettel der Pinguine, und wie läuft ihr

Weißköpfe

Der Name Pinguin stammt von den walisischen Wörtern „pen gwyn“ ab. Walisisch wird in Wales gesprochen, einem Landesteil von Großbritannien. Die Engländer machten „penguin“ daraus. Das bedeutet: „Weißer Kopf“. Wenn Du Dir Pinguine anschaust, wirst Du aber feststellen, dass sie gar keinen weißen Kopf haben. Der Name „penguin“ wurde nämlich ursprünglich für den Riesenalk verwendet, einen großen, heute leider ausgerotteten Vogel der Nordhalbkugel, der auffällige weiße Flecken am Kopf trug. Als Seefahrer die Pinguine der Südhalbkugel kennenlernten, übertrugen sie kurzerhand die Bezeichnung für den auf den ersten Blick ähnlichen Riesenalk auch auf diese Vögel.

Vor den Sonnenstrahlen geschützt, sitzt ein Humboldtpinguin in einer Felsgrotte auf seinem Nest

Familienleben ab? Diese und noch viele weitere Fragen möchte ich Dir in diesem Buch beantworten. Natürlich dürfen auch Porträts einiger Pinguin-Arten nicht fehlen. Schließlich berichte ich Dir noch Spannendes über das extreme Leben der Kaiserpinguine, und Du kannst Dein Pinguin-Wissen bei einem Quiz testen. Viel Freude beim Lesen!

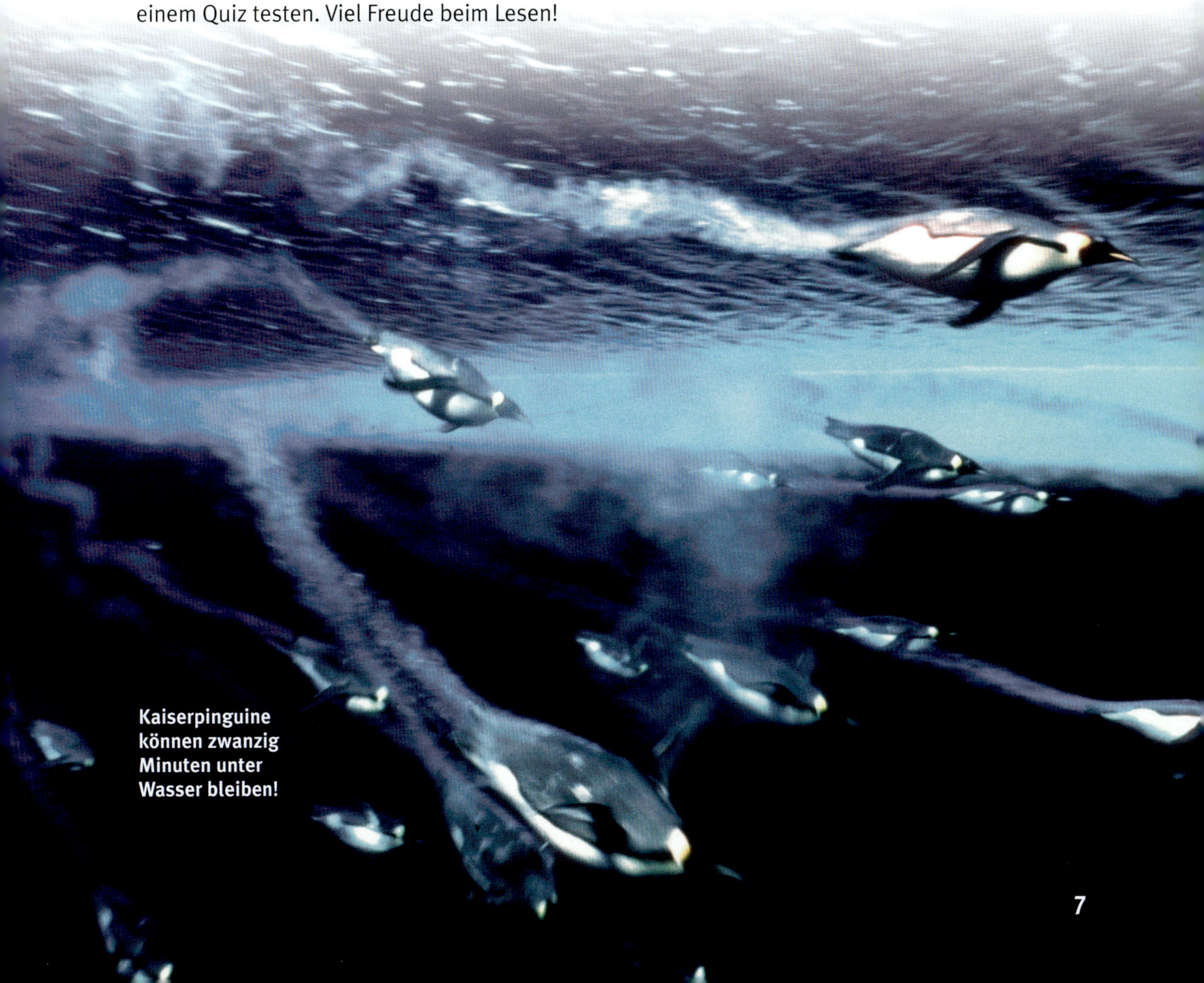

Kaiserpinguine können zwanzig Minuten unter Wasser bleiben!

Hier siehst Du erwachsene und junge Kaiserpinguine in einer großen Brutkolonie in der Antarktis

Von der Antarktis bis in die Tropen

Warum fressen Eisbären keine Pinguine? Ganz einfach: Eisbären leben auf der Nordhalbkugel, Pinguine auf der Südhalbkugel der Erde. Dort bewohnen diese meist kälteliebenden Vögel ganz unterschiedliche Biotope, also Lebensräume. Der größte Teil ihres Lebens spielt sich im Wasser der Meere ab. Dort jagen sie Fische und andere Beutetiere. Wollen Pinguine brüten, oder müssen sie sich mausern, also ihr Federkleid wechseln, gehen sie an Land.

Nur zwei der mindestens 17 auf der Erde lebenden Pinguin-Arten sind nahe dem Südpol in der frostigen Eiswüste der Antarktis zu Hause: der Kaiserpinguin und der Adeliepinguin. Die majestätischen

Größe schützt vor Kälte

Die größten Pinguin-Arten leben in den kältesten Regionen, nämlich in der Antarktis und auf den umliegenden Inseln. Das ist kein Zufall, denn ein großer Körper schützt besser vor Kälte als ein kleiner.

Kaiserpinguine brüten in großen Kolonien auf dem antarktischen Festland. Dabei kuscheln sie sich ganz eng aneinander und trotzen so der extremen Kälte. Adeliepinguine werden nur halb so groß wie Kaiserpinguine. Auch sie leben in Kolonien. Adeliepinguine bauen sich Nester aus Kieselsteinen. Und da kommt es durchaus vor, dass sie sich die Steinchen von ihren Nachbarn klauen.

Die anderen 15 Pinguin-Arten leben unter weniger extremen Umweltbedingungen. Sie ziehen ein milderes Klima vor. Auf Inseln in der Nähe der Antarktis wohnen beispielsweise die Königspinguine und die Goldschopfpinguine. Königspinguine sind mit den Kaiserpinguinen verwandt, werden aber nicht ganz so groß. Witzig sehen die Goldschopfpinguine aus: Ihre langen, gelben Schmuckfedern am Kopf erinnern an eine Punkfrisur.

Größter und kleinster Pinguin

Der in der Antarktis lebende Kaiserpinguin ist am größten. Er wird etwa einen Meter lang und kann bis zu 40 Kilogramm schwer werden – das entspricht dem Gewicht eines elfjährigen Kindes! Der kleinste Pinguin der Welt heißt Zwergpinguin. Er lebt auf Neuseeland, erreicht eine Körpergröße von etwa 30 Zentimetern und wird nur ein Kilogramm schwer. Er wiegt also etwa das Gleiche wie ein Tetra Pak Milch.

Der Dickschnabelpinguin lebt auf Neuseeland und ist sehr selten. Dieses Exemplar macht gerade eine kleine Pause.

Mit ihren langen, gelben Kopffedern sehen die beiden Goldschopfpinguine wie Punks aus

Viele Pinguin-Arten sind im gemäßigten Klima rund um Neuseeland zu Hause. Neuseeland liegt südöstlich von Australien. Dort leben beispielsweise der Dickschnabelpinguin, der Gelbaugenpinguin und der Zwergpinguin. Der Dickschnabelpinguin ist leider schon ziemlich selten geworden. Es gibt nur noch 5.000 bis 6.000 Brutpaare. Gelbaugenpinguine brüten lieber einzeln statt in Kolonien. Ihre Eier legen sie gern in Erdmulden, die im Unterholz des neuseeländischen Urwalds versteckt sind.

Die kleinsten Pinguine der Welt, die Zwergpinguine, brüten nicht nur auf Neuseeland, sondern auch in mehreren Kolonien an der Südküste Australiens. Zu einer richtigen Touristen-Attraktion sind die auf einer kleinen Insel nahe der Stadt Melbourne lebenden Zwergpinguine geworden. Gebannt schauen die Urlauber zu, wenn diese Winzlinge in der Abenddämmerung das Meer verlassen, um zu ihren im Gebüsch und unter Wurzeln versteckten Nestern zu gelangen.

Auch an den südlichen Küsten Afrikas und im Westen Südamerikas leben Pinguine. Die einzige afrikanische Art ist der Brillenpinguin. Manchmal ärgert er die Hausbesitzer in den Vororten der südafrikanischen Stadt Kapstadt. Der Brillenpinguin hat nämlich überhaupt keine Scheu, in deren Gärten zu brüten.

Hier am Strand von Südafrika tummeln sich viele Brillenpinguine. Sie fressen kleine Fische und Krebse.

Doch damit nicht genug: Er belästigt die Anwohner auch noch mit seinen Ausscheidungen, die unangenehm nach Fisch riechen.

Südamerikanische Pinguine sind beispielsweise der Humboldtpinguin und der Galápagospinguin. Während der Humboldtpinguin an den Küsten im Norden Chiles und von Peru brütet, lebt der Galápagospinguin sogar am Äquator, also direkt in den Tropen. Seine Heimat sind die Galápagos-Inseln. Sie liegen im Westen von Ecuador im Pazifischen Ozean. Am Tag kann es dort ganz schön heiß werden. Aber der Galápagospinguin weiß sich zu helfen: Er stellt sich einfach ganz aufrecht hin, um den von oben einfallenden Sonnenstrahlen nur eine geringe Angriffsfläche zu bieten.

Der Gelbaugenpinguin ist vom Aussterben bedroht. Es gibt nur noch rund 5.000 Exemplare!

Die heute lebenden Pinguin-Arten von A bis Z

Adeliepinguin
Brillenpinguin
Dickschnabelpinguin
Eselspinguin
Felsenpinguin
Galápagospinguin
Gelbaugenpinguin
Goldschopfpinguin
Haubenpinguin
Humboldtpinguin
Kaiserpinguin
Königspinguin
Kronenpinguin
Magellanpinguin
Snares-Dickschnabelpinguin
Zügelpinguin
Zwergpinguin

Anpassungskünstler

Pinguine halten sich am liebsten im Wasser auf, ob sie nun in der kalten Eiswüste oder in den heißen Tropen zu Hause sind. Schnell und wendig jagen sie ihrer Beute nach. Manchmal schwimmen sie längere Strecken oder tauchen tief hinab. Wie bewältigen die Pinguine ihr Leben im nassen Element bei Kälte und Wärme, wie also sind sie an diese Umweltbedingungen angepasst? Das will ich Dir in diesem Kapitel erzählen.

Luft anhalten!

Wenn Kaiserpinguine tauchen, können sie ihre Luft fast 20 Minuten lang anhalten. Ist das nicht eine unglaubliche Leistung? Ein normaler Mensch schafft das nur eine oder höchstens zwei Minuten lang. Aber wie machen es die Pinguine, so lange unter Wasser zu bleiben, ohne Luft zu holen? Sie brauchen ja den Sauerstoff. Ganz einfach: Sie speichern eine bestimmte Menge des lebenswichtigen Sauerstoffs, aber indem ihr Herz beim Tauchen langsamer schlägt und auch der Stoffwechsel auf Sparflamme läuft, verbrauchen die Pinguine den Sauerstoff nur sehr sparsam. Außerdem besitzen Pinguine mehr rote Blutkörperchen als wir. Diese Zellen sind für die Speicherung und den Transport des Sauerstoffs verantwortlich.

Bis zu 320 Meter tief können Königspinguine hinabtauchen, um dort unten kleine Krebse und Fische zu jagen

Sprung ins eiskalte Polarwasser. Mit ihrem torpedoförmigen Körper erreichen Adeliepinguine Tauchtiefen von über 200 Metern.

Leben im Wasser

Statt durch die Lüfte zu fliegen, „fliegen" Pinguine durchs Wasser. Ihr torpedoförmiger Körper macht das möglich. Er besitzt nur einen geringen Strömungswiderstand – das ist der Widerstand, den das Wasser dem schwimmenden Pinguin entgegensetzt. Dieser Widerstand ist zehn Mal kleiner als bei einem schnellen Sportwagen! Pinguine brauchen also nicht viel Kraft, um zu schwimmen, und können deshalb mit ihrem stromlinienförmigen Körper Geschwindigkeiten von über 25 Kilometern in der Stunde erreichen. Ein Leistungsschwimmer schafft gerade mal 6 bis 7 Stundenkilometer.

Doch Pinguine können nicht nur schnell schwimmen, sie können auch prima tauchen. Dabei hilft ihnen, dass ihre Knochen schwerer sind als die anderer Vögel. Das verringert ihren Auftrieb. Die Tauchtiefen der einzelnen Arten unterscheiden sich allerdings. So taucht der kleine Zwergpinguin 30 Meter tief, der große Königspinguin schafft über 320 Meter, der Kaiserpinguin sogar über 500 Meter! Ihre Fähigkeit, tief in das Meereswasser hinabzutauchen, ist für die Pinguine ein großer Vorteil. Sie können dort unten in Ruhe nach Beute suchen, ohne die Konkurrenz anderer fischfressender Vögel wie beispielsweise Sturmvögel befürchten zu müssen. Deren Tauchtiefe beträgt nämlich höchstens zehn Meter.

Ohren zu!

Pinguine haben ebenso wie andere Vögel keine von außen zu sehenden Ohren, sehr wohl aber Innenohren, mit denen sie gut hören können. Die Öffnung am Kopf, die ins Innenohr führt, können sie beim Tauchen mit besonderen Federn verschließen, damit kein Wasser hineinläuft.

Pinguine haben schwerere Knochen als andere Vögel und können deshalb hervorragend tauchen

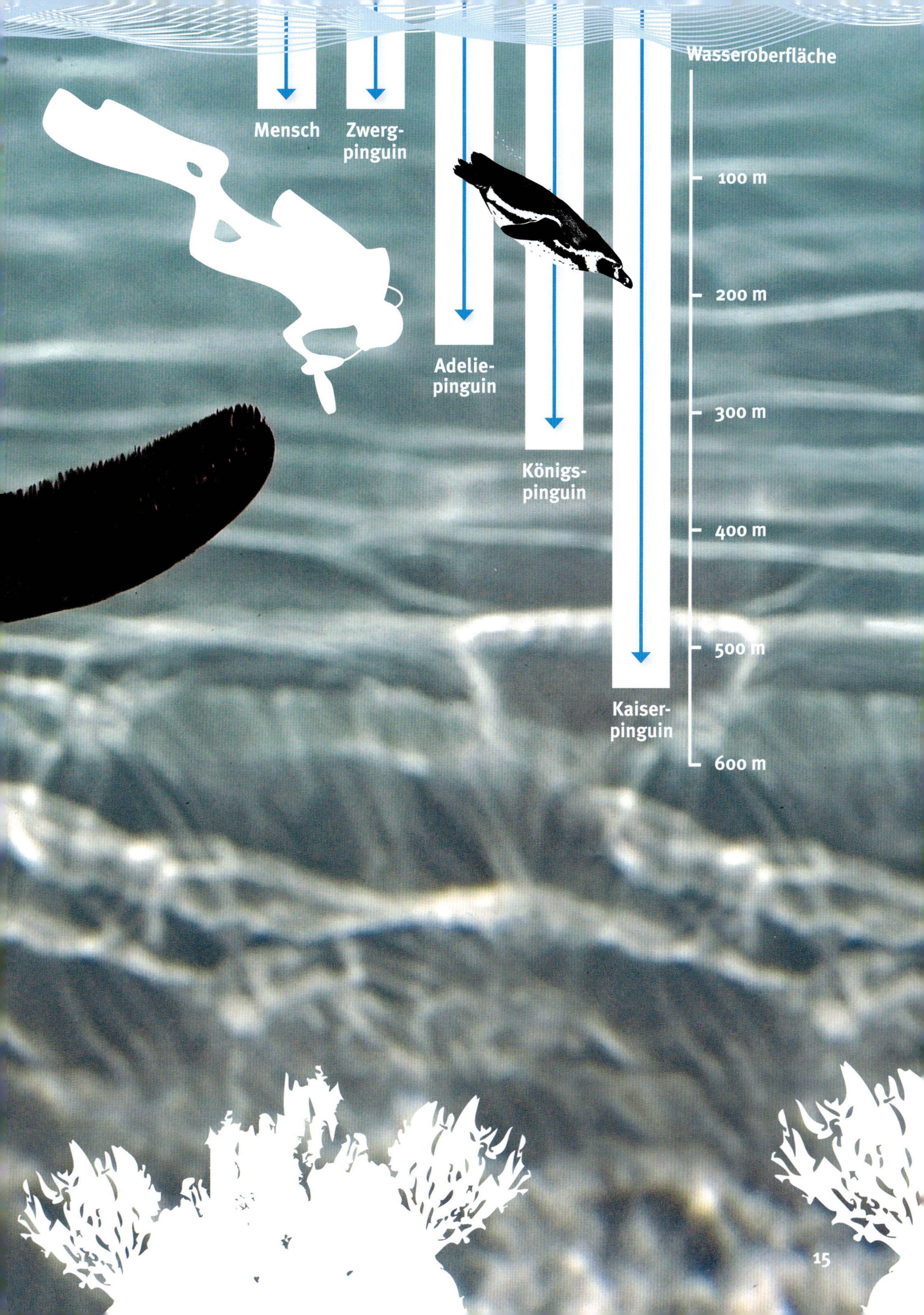
Wasseroberfläche
Mensch
Zwerg-
pinguin
Adelie-
pinguin
Königs-
pinguin
Kaiser-
pinguin
100 m
200 m
300 m
400 m
500 m
600 m

Leben in Kälte und Wärme

Um in einer kalten Umgebung überleben zu können, haben Pinguine unterschiedliche Anpassungen entwickelt. In ihrem dichten, für Wasser undurchlässigen Gefieder, das aus drei Schichten besteht, ist Luft eingeschlossen – wie in einer warmen Daunendecke. Dies und die dicke Fettschicht unter der Haut schützen ihren Körper im Wasser und an Land vor Auskühlung.

Barfuß auf dem Eis

Auch wenn die Pinguine auf dem Eis stehen, bekommen sie keine kalten Füße. Verantwortlich dafür ist das sogenannte Gegenstromprinzip. Und das geht so: Durch die Arterien fließt warmes Blut in die Füße und gibt auf dem Weg dahin einen Teil seiner Wärme an dasjenige Blut ab, das in den benachbarten Venen aus den Füßen zurückkommt. In den Füßen ist das Blut also nicht ganz so warm wie im übrigen Körper – die Temperatur reicht aber, ein Festfrieren auf dem Eis zu verhindern. Außerdem ist der Wärmeverlust nur gering, denn kühlere Füße geben auch weniger Wärme an die Umgebung ab.

Trotz extremer Temperaturen bekommen Kaiserpinguine keine kalten Füße, ...

... und in ihrem Gefieder ist Luft eingeschlossen – das hält sie warm

Nicht wenige Pinguin-Arten, etwa der Humboldtpinguin und der Galápagospinguin, leben in wärmeren Gebieten. In der Mittagshitze flüchten sie gern ins kühle Wasser. Um mit höheren Temperaturen zurechtzukommen, geben diese Arten Wärme über ihre Füße und Flügel ab. Auch ist ihr Federkleid nicht so dicht und ihre Fettschicht nicht so dick wie bei Arten, die in kalten Regionen leben. Wenn es geht, meiden sie die Sonne. Sie brüten deshalb auch gern in Erdhöhlen oder in schattigem Unterholz. Um sich abzukühlen, hecheln manche Pinguine wie Hunde.

Pinguine in wärmeren Gebieten, wie diese Humboldtpinguine, haben ein weniger dichtes Federkleid und eine dünnere Fettschicht

Wird es ihnen zu heiß, gehen die Galápagospinguine einfach ins erfrischende Wasser

Pfeilschnell jagt dieser hungrige Galápagospinguin hinter den Fischen her

Speisezettel der Pinguine

Pinguine finden ihre Nahrung im Wasser der Meere. Gern gehen sie gemeinsam auf Beutesuche. Auf dem Speisezettel stehen vor allem Fische, Krebse, gelegentlich auch mal ein kleiner Tintenfisch. Meist fressen die Pinguine, was sich ihnen bietet. Doch es gibt auch Arten, die eine bestimmte Nahrung bevorzugen. So jagen Humboldtpinguine und Galápagospinguine am liebsten Sardellen. Das sind kleine Schwarmfische. Entdecken diese Pinguine ihre Beute, schwimmen sie um den Schwarm herum und stoßen dann immer wieder mit großer Geschwindigkeit hinein, um sich eine Sardelle zu fangen. Schließlich geht ihnen die Puste aus, und sie schwimmen zum Luftholen wieder an die Meeresoberfläche.

Viele Pinguin-Arten fressen auch gerne Krebse

Die in der Antarktis lebenden Adeliepinguine und andere Arten ernähren sich hauptsächlich von Krill. Das sind kleine Leuchtgarnelen, die in riesigen Schwärmen in den kalten Meeresgewässern unterwegs sind. Ein Taucher hat einmal den Adeliepinguinen bei der Jagd zugeschaut: So ähnlich wie Hühner auf dem Hof nach Körnern

Mit den nach hinten gerichteten Fortsätzen auf seiner Zunge und seinem Gaumen kann dieser junge Humboldtpinguin glitschige Beute gut festhalten

picken – mal hier ein Korn, mal da –, „picken“ sich die Adeliepinguine eine Leuchtgarnele nach der anderen aus dem Schwarm heraus.

Wenn ein Pinguin einen Fisch gefangen hat, muss er aufpassen, dass ihm die glitschige Beute nicht wieder entwischt. Doch viele Pinguine haben einen hakenförmigen Schnabel, mit dem sie ihre Nahrung festhalten können. Außerdem besitzen Pinguine spitze, nach hinten gerichtete Fortsätze auf Zunge und Gaumen. Mit deren Hilfe befördern sie den gefangenen Fisch genau in die richtige Richtung, nämlich durch den Schlund in den Magen.

Krill, das sind kleine Krebschen, ist eine wichtige Nahrung für Adeliepinguine und verschiedene andere Arten

Pinguine trinken Salzwasser

Wenn Humboldtpinguine wie die beiden hier auf dem Foto und Galápagospinguine Durst haben, müssen sie wohl oder übel das salzige Meerwasser trinken. In ihren warmen und trockenen Lebensräumen gibt es nämlich nur selten Süßwasser. Wie machen diese Pinguine das? Wenn Du Salzwasser trinken würdest, müsstest Du verdursten, da Dein Körper nicht in der Lage ist, das überschüssige Salz wieder abzugeben. Humboldtpinguine und Galápagospinguine können das aber: Sie besitzen oberhalb ihrer Augen spezielle Drüsen, mit denen sie einen großen Teil des aufgenommenen Salzes wieder ausscheiden können.

Während der Mauser, also wenn sie ihre Federn wechseln, nehmen die Pinguine keine Nahrung zu sich. Sie leben dann von ihren zuvor angefutterten Fettreserven. Auch in der Brutsaison müssen manche Arten ganz auf Nahrung verzichten. Besonders lange hungern die männlichen Kaiserpinguine. Bis zu drei Monate harren sie im eisigen Polarwinter aus, ohne zu fressen! Zwei Monate davon brüten sie die Eier aus und wärmen dann die geschlüpften Jungvögel. In dieser Zeit sind die Weibchen im Meer auf Nahrungssuche. Während der langen Fastenperiode verlieren die Männchen bis zur einem Drittel ihres Gewichts!

Mehr Licht!

Pinguine brauchen Licht, wenn sie unter Wasser jagen. Um ihre Beutetiere fangen zu können, müssen sie diese erst einmal sehen. Deshalb gehen die Pinguine vorzugsweise am Tag auf Nahrungssuche. Am tiefsten tauchen sie in der Mittagszeit, da dann das Licht weit in das Wasser vordringen kann. Die Augen der Pinguine funktionieren besonders gut im blaugrünen Farbbereich. Sie sind also bestens an die Lichtverhältnisse angepasst, die im Wasser vorherrschen.

Adeliepinguine gehen am liebsten am Tag auf Nahrungssuche. Dann können sie ihre Beute auch in tieferem Wasser noch gut sehen.

Perfekter „Tarnanzug“

Die schwarzweiße Gefiederfärbung bietet Pinguinen wie diesem Königspinguin unter Wasser eine hervorragende Tarnung. Ihre Feinde können sie nur schlecht erkennen, aber auch ihre Beute sieht sie nur schwer. Wenn beispielsweise ein hungriger Seeleopard, das ist eine gefräßige Robbe, Jagd auf Pinguine macht und sich diesen von oben nähert, hat er große Schwierigkeiten, sie zu entdecken. Die dunkle Oberseite der Pinguine hebt sich nämlich kaum vom dunklen Meeresgrund ab. Wenn ein Pinguin dagegen unter sich einen Fischschwarm entdeckt, haben die Fische nur geringe Chancen, ihm zu entkommen. Sie sehen nämlich lediglich seine weiße Unterseite. Und die unterscheidet sich nur wenig von der hellen Wasseroberfläche.

Die am Rand der Antarktis lebenden Adeliepinguine brüten in großen Kolonien. Ihre Nester bauen sie aus kleinen Steinen.

Familienleben der Pinguine

Pinguine sind gesellige Vögel. Sie gehen nicht nur gern gemeinsam auf Jagd, auch ihr Familienleben findet in Gemeinschaft mit anderen statt. Ihre Brutkolonien können riesige Ausmaße erreichen. So bestehen manche Kolonien der am Rande der Antarktis lebenden Adeliepinguine aus Hunderttausenden von Vögeln. Da haben es Raubmöwen und andere Nesträuber nicht leicht, ein Ei oder ein Küken zu erwischen, denn meist sind erwachsene Pinguine in der Nähe und wehren die Angreifer mit gezielten Schnabelhieben ab.

Wollen sie brüten, verlassen die Pinguine das Meer und kehren zu ihren Kolonien zurück. Dann werben die Männchen unter lautem Kreischen und Trompeten um die Gunst eines Weibchens. Immer wieder kommt es auch zu Kämpfen. Pinguine, die bereits in der vorigen Brutsaison ein Paar waren, erkennen sich an ihren Rufen wieder. Bei den Eselspinguinen ist

Während der Fortpflanzungszeit ruft der Eselspinguin oft mit nach oben gestrecktem Kopf laut „iih-aaah“

Ein Nest aus Steinen

In der Antarktis gibt es kaum Pflanzen, deshalb müssen die dort lebenden Adelie-, Esels- und Zügelpinguine ihre Nester aus anderem Material bauen. Sie nehmen dazu kleine Steine.

Ein Paar Goldschopfpinguine brütet im Gras

Eselspinguine legen meist nur zwei Eier. Wie bei vielen anderen Arten sind sie weiß.

das ein lautes „iiih-aaah“, das so ähnlich klingt wie bei einem Esel – daher ihr Name. Haben sich die Partner gefunden und sind sie sich über den Standort des Nestes einig, beginnen sie mit seinem Bau.

Wachsen im Lebensraum der Pinguine Moose, Gräser und andere Pflanzen, verwenden die Vögel diese gern zum Bau ihres Nestes.

Königspinguine brüten ihr einziges Ei auf den Füßen aus. Sie bedecken und wärmen es mit ihrer Bauchfalte.

Pinguine, die in wärmeren Gegenden zu Hause sind, etwa der Brillenpinguin und der Magellanpinguin, nisten gern in Erdhöhlen oder Felsspalten. Auf diese Weise schützen sie sich und ihre Brut vor der heißen Sonne, aber auch vor Fressfeinden wie Geiern und Füchsen.

Die Eier der Pinguine sehen weiß oder grünlich aus. Mit Ausnahme der Kaiser- und Königspinguine, die nur ein Ei legen, haben die meisten Arten zwei. Bei Brillen- und Zwergpinguinen kommen manchmal sogar drei Eier vor. Zuerst wechseln sich beide Eltern bei der Brutpflege ab:

Geklaut!

In großen Brutkolonien der Adeliepinguine sind Steinchen für die Nester oft Mangelware. Doch die bereits verpaarten Weibchen haben einen Trick auf Lager, um an das begehrte Nistmaterial zu gelangen, ohne sich mit ihren Nachbarn darum streiten zu müssen. Sie nähern sich dem Nest eines Junggesellen und lassen sich mit ihm in der Absicht ein, ein Steinchen zu ergattern. Da das Männchen glaubt, das Weibchen meine es ernst, schenkt „er" „ihr" aus Dank für die erwiesene Zärtlichkeit ein Steinchen. Doch seine „Braut" denkt gar nicht daran, bei ihm zu bleiben. Sie nimmt den kleinen Stein und kehrt zum eigenen Nest zurück.

Ein Adeliepinguin mit seinem Küken am vereisten Strand der Antarktis

Während ein Elternteil zum Fischen im Meer ist, wärmt der andere die Eier oder füttert die Küken und umgekehrt. Später, wenn die Küken schon ein wenig älter sind, gehen die Eltern gemeinsam auf Jagd, um Nahrung für ihren Nachwuchs herbeizuschaffen. Doch die Kleinen bleiben nicht allein. Sie verbringen ihre Zeit zusammen mit anderen Küken in einem „Kindergarten". Dieser besteht bei Brillenpinguinen nur aus einigen Tieren, bei den Kaiserpinguinen aber kann er Tausende von Küken umfassen.

Wenn die Küken ausgewachsen sind, kümmern sich ihre Eltern nicht weiter um sie. Nun müssen die jungen Pinguine ganz allein das Schwimmen lernen. Bei den Adeliepinguinen geht das so: Der Mutigste wagt sich zuerst ins eiskalte Wasser. Dann traut sich auch der Nächste. Gemeinsam übt es sich leichter. Zuerst paddeln sie noch unbeholfen umher. Dann sausen sie unter der Wasseroberfläche dahin und springen hin und wieder auch mal heraus. Schon bald sind aus den Anfängern sichere Schwimmer geworden, die nun selbstständig auf Nahrungssuche gehen.

Im Kindergarten fühlen sich die Kaiserpinguin-Küken wohl

Damit die heranwachsenden Küken der Kaiserpinguine satt werden, müssen beide Eltern auf Nahrungssuche gehen. Die zurückbleibenden Vögel schließen sich dann zu Kindergärten zusammen. Oft passen kinderlose erwachsene Pinguine auf die Kleinen auf. In so einem Kindergarten können sich die Küken aneinander kuscheln, um sich gegenseitig zu wärmen. Auch fühlen sie sich in dieser großen Gruppe sicherer vor Feinden. Wenn die Eltern mit Futter für die kleinen Pinguine zurückkommen, haben sie trotz der riesigen Zahl der Küken kein Problem, ihren Nachwuchs wiederzufinden. Sie erkennen nämlich die Rufe ihrer Sprösslinge!

Eine „Pinguin-Parade“: Königspinguine watscheln gemütlich den Weg im Zoo entlang.

Mensch und Pinguin

Der Mensch ist Freund und leider auch Feind der Pinguine. Auf der einen Seite liebt er diese Vögel und bewundert ihr faszinierendes Verhalten, auf der anderen Seite macht er Jagd auf sie und zerstört ihre Lebensräume. Du bist bestimmt ein großer Pinguinfreund und freust Dich, wenn Du diesen schönen Tieren im Zoo oder vielleicht sogar einmal auf einer Reise begegnest.

In ihren natürlichen Lebensräumen müssen Pinguine nicht nur Feinde wie etwa Seeleoparden und Raubmöwen fürchten – die größte Bedrohung für sie geht vom Menschen aus. Früher fing und tötete er sie und verarbeitete ihr fetthaltiges Fleisch zu Öl. Oder er sammelte ihre Eier, um sie zu verzehren. So erbeuteten Eiersammler im Jahr 1925 auf einer Brutinsel in Südafrika fast eine halbe Million Eier der Brillenpinguine. Dadurch nahm die Zahl dieser Vögel enorm ab: Während 1925 dort noch 250.000 Exemplare lebten, gibt es heute nur noch etwa 10.000!

In unserer Zeit sind die Gefahren für Pinguine noch viel größer geworden. Die Jagd spielt zwar mittlerweile eine viel ge-

Pinguine beobachten

In unseren Breiten kannst Du Pinguine leider nur in Zoos sehen, da sämtliche Arten auf der Südhalbkugel leben. So sind beispielsweise im Zoo Berlin Humboldt-, Brillen-, Felsen- und Königspinguine zu bewundern. Schau Dir mal ihre Köpfe an! Sie sehen ganz unterschiedlich aus. Zwei Beispiele: Der Felsenpinguin besitzt auffallende, hellgelbe Kopffedern, der Königspinguin hat große orangerote Flecken am Hinterkopf. Beispielsweise im Aquazoo in Düsseldorf kannst Du Pinguine beim Tauchen beobachten, und zwar Eselspinguine. Ein ganz besonderes Erlebnis ist die „Pinguinparade“, die in manchen Zoos stattfindet, etwa im Tierpark Hellabrunn in München. Dort hast Du im Winter die Gelegenheit, Königspinguinen beim Spazierengehen zuzuschauen. Sie dürfen dann von ihrem Gehege bis zum Biergarten und wieder zurück gehen.

Lustig sieht der Felsenpinguin aus mit seiner auffallenden „Frisur"

An seinen großen orangeroten Flecken am Hinterkopf kannst Du den Königspinguin erkennen

Solche Hinweisschilder machen auf der Insel Philipp Island (sprich: „Eiländ") auf die Zwergpinguine aufmerksam

ringere Rolle, dafür aber werden die armen Vögel beispielsweise durch Meeresverschmutzung und Überfischung gefährdet. Nach Tankerunfällen ausgelaufenes Öl verklebt ihr Gefieder. Es schützt dann nicht mehr vor Wasser und Kälte – die betroffenen Tiere gehen kläglich zugrunde. Außerdem fangen große Fischerei-Flotten Sardellen und andere Beutefische der Pinguine und nehmen ihnen damit ihre Nahrung weg. Mittlerweile gelten einige Pinguin-Arten daher als vom Aussterben bedroht, etwa der Gelbaugenpinguin und der Galápagospinguin.

Um Pinguine besser verstehen und somit auch schützen zu können, erforschen Ornithologen sie. Ornithologen sind Wissenschaftler, die sich mit Vögeln sehr gut auskennen. Dass manche Pinguine bei ihrer Nahrungssuche auch längere Strecken zurücklegen, konnten solche Forscher mithilfe kleiner Satellitensender nachweisen. Diese werden den Vögeln auf den Rücken geklebt und übermitteln Funksignale an Satelliten, die um die Erde kreisen. Von dort aus gehen die Signale dann an Bodenstationen und landen schließlich auf den Computern der Biologen. Auf diese Weise können sie die Wanderung einzelner Vögel genau verfolgen. So schwamm ein Humboldtpinguin 50 Kilometer an einem Tag!

Öl, das nach einem Tanker-Unfall ins Meer ausgelaufen ist, hat das Gefieder dieses Brillenpinguins total verklebt

Da die Pinguine immer seltener werden, müssen wir diesen Vögeln helfen. Und es wird einiges für ihren Schutz getan. So kümmert sich eine Organisation in Australien um die bedrohten Zwergpinguine. Touristen müssen Eintritt zahlen, wenn sie auf der kleinen südaustralischen Insel „Philipp Island“ zuschauen möchten, wie diese Winzlinge am Abend aus dem Meer zurückkommen und im Gänsemarsch zu ihren Nestern watscheln. Mit dem Geld werden Forschungs-Projekte unterstützt und Jäger bezahlt, die die Zwergpinguine vor freilaufenden Hunden und Katzen schützen sollen.

Comic-Pinguine als Lieblinge der Kinder

Der watschelnde Gang und das sympathische Aussehen der Pinguine haben dazu geführt, dass sie Lieblinge der Kinder wurden – und das nicht nur als lebende Tiere, sondern auch als Helden in Kinderbüchern und Trickfilmen. Sicher kennst Du beispielsweise die Fernsehserie „Pingu“ oder die drei Pinguine aus „Madagaskar“. Auch als Stofftiere und sonstige Figuren gibt es jede Menge – eine Sammlerin aus Cuxhaven besitzt über 15.000 davon und hat dafür sogar ein eigenes Museum eröffnet! In der Werbung spielen freundliche Pinguine ebenfalls eine große Rolle.

„Schau mal, die kleinen Brillenpinguine! Sehen sie nicht niedlich aus?“

Diese Seeleoparden sind satt und tun deshalb den Adeliepinguinen nichts. Die Vögel spüren das und nähern sich den Robben darum furchtlos.

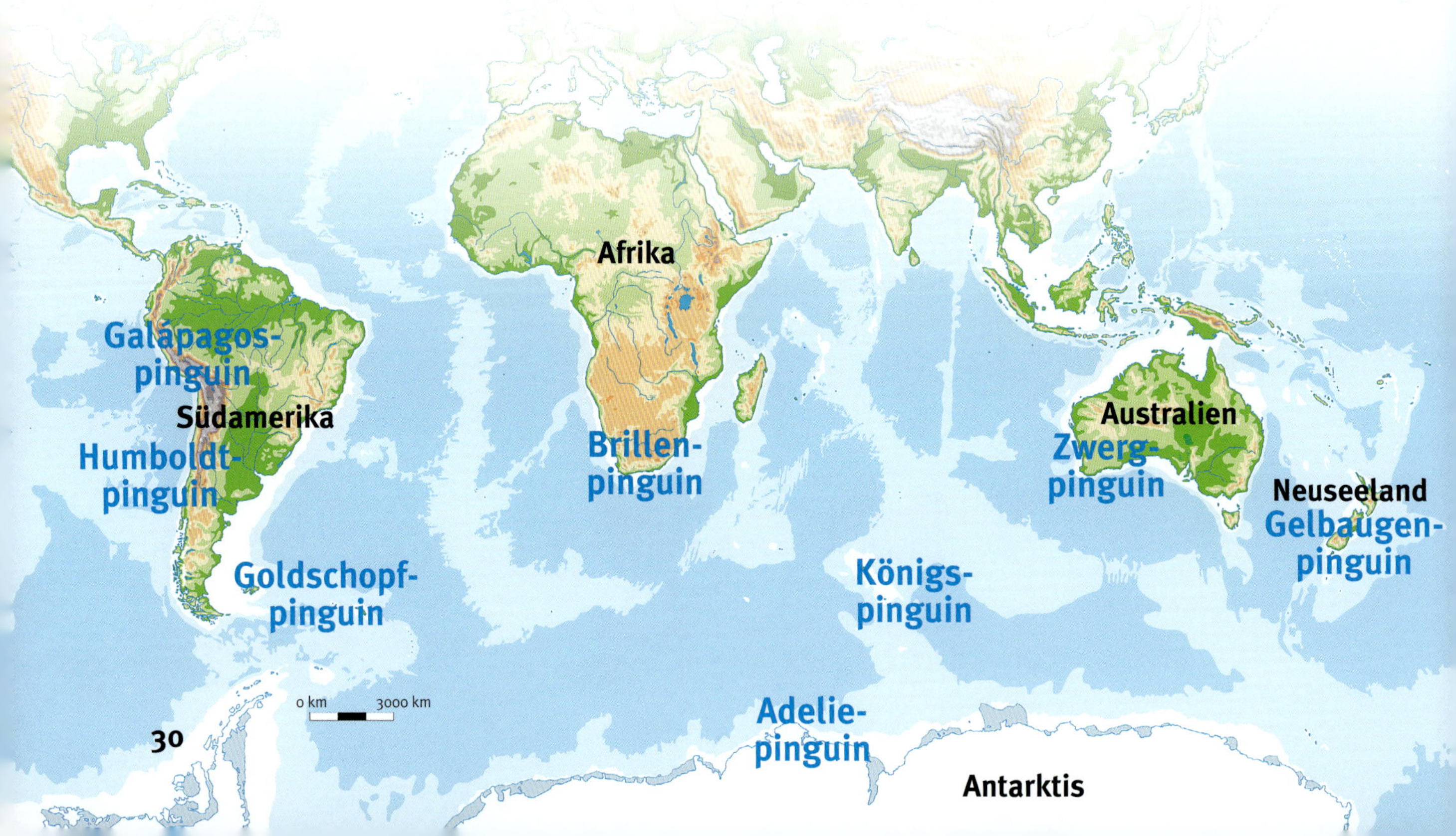

Galápagos-
pinguin

Südamerika

Humboldt-
pinguin

Goldschopf-
pinguin

Afrika

Brillen-
pinguin

Australien

Zwerg-
pinguin

Neuseeland

Gelbaugen-
pinguin

Königs-
pinguin

0 km 3000 km

Adelie-
pinguin

Antarktis

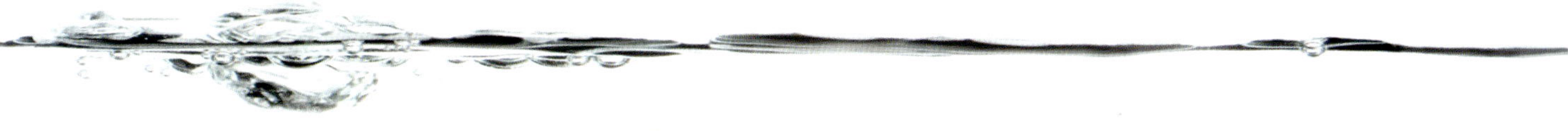

Pinguine im Porträt

Acht besonders interessante Pinguin-Arten möchte ich Dir nun genauer vorstellen: Adeliepinguin, Königspinguin, Goldschopfpinguin, Gelbaugenpinguin, Zwergpinguin, Brillenpinguin, Humboldtpinguin und Galápagospinguin, außerdem in einem „Extra“ das extreme Leben der Kaiserpinguine. Wo leben diese Vögel? Wie sehen sie aus? Was fressen sie? Wie läuft ihr Familienleben ab? Welchen Gefahren sind sie ausgesetzt?

Adeliepinguin

Der Adeliepinguin verdankt seinen Namen einer Frau. Sie hieß Adèle und war Gattin eines französischen Polarforschers, der diese Art vor 170 Jahren entdeckte – zu ihren Ehren wurde die Art benannt. Die Eis und Frost gewohnten Adeliepinguine leben an den Küsten der Antarktis und auf den umliegenden Inseln. Sie sind nicht selten: Es gibt über fünf Millionen! Diese etwa 60 Zentimeter großen Vögel sehen aus wie ein vornehmer Kellner in weißem Hemd und schwarzem Anzug. Kopf und Schnabel sind schwarz, jedes Auge ist mit einem charakteristischen weißen Ring umgeben.

Adeliepinguine fressen hauptsächlich Krill. Sie tauchen nach diesen kleinen Krebsen und erreichen dabei manchmal Meerestiefen von über 200 Metern. Wenn ihre hungrigen Jungvögel auf Futter warten, entfernen sich Adeliepinguine höchstens bis zu zehn Kilometer weit von der Kolonie. Sie müssen ja immer wieder zurück, um den Nachwuchs zu füttern.

Dicht an dicht brüten Adeliepinguine in ihren großen Kolonien. Hier sind auch einige Jungvögel zu sehen.

Die Brutkolonien liegen häufig auf schnee- und eisfreiem, felsigem Boden. Sie sind zur Sonne hin ausgerichtet, damit es nicht ganz so kalt wird.

Im Oktober beginnen die Adeliepinguine mit dem Brüten. Dann fängt in der Antarktis die Sommerzeit an. Die aus Kieselsteinen gebauten Nester stehen in den Kolonien dicht an dicht, sodass es öfter zu Revierstreitereien kommt. Nachdem das Weibchen die beiden Eier gelegt hat, geht es ins Meer zurück, um zu fressen. Das Männchen übernimmt dann das Ausbrüten und muss in dieser Zeit hungern. Nach dem Schlupf der Jungen kommt das Weibchen zurück und kümmert sich um den Nachwuchs. Nun kann das Männchen wieder auf Nahrungssuche gehen. Sind die Küken größer, schließen sie sich mit anderen aus der Kolonie zu Kindergärten zusammen. Dann schaffen beide Eltern Nahrung herbei.

Wie ein vornehm gekleideter Kellner sieht dieser Adeliepinguin aus

Königspinguin

Königspinguine kannst Du in manchen Zoos sehen. Sie erreichen eine Länge von etwa 95 Zentimetern und sind damit nur etwas kleiner als die größten Pinguine der Welt, die Kaiserpinguine. Königspinguine leben in den Gewässern und auf den Inseln rund um die Antarktis. Dort ist es zwar auch ziemlich frostig, aber nicht ganz so kalt wie auf dem antarktischen Festland. Schön sieht so ein Königspinguin aus mit seinen gelborange gefärbten, kommaförmigen Flecken auf den hinteren Kopfseiten, dem Unterschnabel in Orange und der gelben Brust.

Lieblingsnahrung der Königspinguine sind Tintenfische. Sie fressen aber auch Fische und Krill. Oft schwimmen Königspinguine erst einmal eine längere Strecke, bis sie schließlich weit draußen im Meer nach ihrer Beute tauchen. Sie können mehrere Minuten unter Wasser bleiben und Tiefen von über 300 Metern erreichen.

Königspinguine leben in großen Kolonien. Sie bauen kein eigenes Nest, sondern legen ihr einziges Ei auf die Füße und wärmen es mit ihrer großen Bauchfalte. Das Ei ist grünlich weiß gefärbt und wird abwechselnd vom Männchen und vom Weibchen ausgebrütet. Der andere Partner geht dann jeweils auf Nahrungssuche.

Eine Gruppe Königspinguine auf dem Weg zum Meer, wo die Vögel nach Krill und Fischen tauchen werden

Lange Zeit bis zum Erwachsenwerden

Bis aus dem Küken im Ei ein erwachsener Königspinguin wird, dauert es über ein Jahr. Der Grund: Die Küken wachsen nur langsam. Und sie haben es auch nicht leicht. Im antarktischen Winter, wenn es nicht so viel zu fressen gibt, sind beide Eltern oft wochenlang unterwegs, um Nahrung für sich und ihren Nachwuchs zu suchen. Während dieser Zeit müssen die Jungen hungern. Wegen der langen Entwicklungszeit der Küken brüten Königspinguine meist nur alle zwei Jahre.

Noch fehlen dem Küken des Goldschopfpinguins die typischen goldgelben Federn auf dem Kopf

Goldschopfpinguin

Der bis zu 70 Zentimeter große Goldschopfpinguin sieht lustig aus mit seinen langen, gelben Federn auf dem Kopf. Er hat einen rotbraunen Schnabel. Mit etwa 18 Millionen Vögeln ist der Goldschopfpinguin die häufigste Pinguin-Art der Welt. Allerdings nehmen seine Bestände in manchen Gebieten ab. Ein Grund dafür ist die zunehmende Fischerei. Dadurch finden diese Pinguine immer weniger zu fressen. Die meisten Goldschopfpinguine brüten auf Inseln nördlich der Antarktis. Es gibt aber auch eine Brutkolonie am Rand des antarktischen Festlands. Du siehst, diese Pinguine kommen gut mit der Kälte zurecht.

Goldschopfpinguine fressen verschiedene kleine Krebsarten, gern aber auch Fische und Tintenfische. Diese Vögel können über 100 Meter tief tauchen, jagen jedoch meist in Tiefen von 20 bis 50 Metern. Häufig gehen die Goldschopfpinguine am Tag auf Nahrungssuche und tauchen dann mehrere hundert Mal nach ihrer Beute. Manchmal bleiben diese Pinguine auch einige Tage hintereinander auf See und können sich dann bis zu 300 Kilometer von ihren Nistplätzen entfernen. Im Winter verbringen sie sogar fast ein halbes Jahr ohne Pause auf See und schwimmen dabei etwa elftausend Kilometer!

Dieser Goldschopfpinguin sieht mit seinen großen, gelben Federbüscheln wirklich verwegen aus

Goldschopfpinguine brüten in Kolonien an steinigen Stränden, felsigen Küsten, aber auch zwischen Grasbüscheln. Die meist aus Kieselsteinen gefertigten Nester liegen dicht beieinander. Will ein Männchen ein Weibchen beeindrucken, reckt es seinen Schnabel nach oben, schlägt wild mit seinen kurzen Flügeln und schüttelt ganz aufgeregt seinen Kopf mit den langen, gelben Federn hin und her. Dabei lässt das Männchen laute, trompetenartige Rufe erklingen. Die beiden Eier der Goldschopfpinguine sind unterschiedlich groß. Meist schlüpft nur aus dem größeren Ei ein Küken.

Gelbaugenpinguin

Der Gelbaugenpinguin ist sehr selten. Es gibt nur noch etwa 5.000 dieser etwa 65 Zentimeter großen Vögel. Sie leben auf Neuseeland. Dort ist das Klima so ähnlich wie bei uns, es herrschen also viel angenehmere Temperaturen als in der Antarktis. Der Gelbaugenpinguin kann kaum mit einer anderen Pinguin-Art verwechselt werden. Seine gelblich grünen Augen gaben ihm den Namen. Ein weiteres charakteristisches Merkmal ist ein gelber Streifen um den Hinterkopf.

Gelbaugenpinguine mögen Fisch, fressen aber auch kleinere Tintenfische. Meist gehen sie in küstennahen Meeresgewässern auf Nahrungssuche. Dort verbringen diese Vögel schwimmend und tauchend den ganzen Tag. Am Abend kehren sie dann zu ihrem Nistplatz zurück.

Neben den gelbgrünen Augen besitzt der scheue Gelbaugenpinguin einen blassen gelben Streifen um seinen Hinterkopf

Gelbaugenpinguine halten sich das ganze Jahr über in der Nähe ihres Nistplatzes auf. Auch außerhalb der Brutzeit bleiben sie nie länger als ein paar Tage weg. Das Weibchen legt zwei Eier. Beim Brüten und beim Füttern der Küken lösen sich die Partner ab. Leider fallen die Jungvögel immer wieder herumstreunenden Hunden und Hauskatzen zum Opfer, die europäische Einwanderer mit nach Neuseeland gebracht haben. Kindergärten gibt es bei den Gelbaugenpinguinen nicht, da ihre Nester weiter auseinander liegen und sich daher die Küken der einzelnen Brutpaare kaum begegnen.

Bloß kein Trubel!

Im Gegensatz zu den anderen Pinguin-Arten brüten die Gelbaugenpinguine nicht in lärmenden Kolonien. Sie sind sehr ruhig und scheu. Die einzelnen Pärchen leben versteckt im dichten Unterholz des Urwalds und suchen sich dort sonnengeschützte Nistplätze, etwa unter Büschen und Wurzeln oder in einer Höhle. Ihr Nest polstern sie gern mit Blättern und kleinen Zweigen aus.

Diese beiden Küken des Gelbaugenpinguins tragen noch ihr braunes Daunengefieder

Zwergpinguin

Der Zwergpinguin ist der Winzling unter den Pinguinen. Er wird nicht größer als 30 Zentimeter, also so lang wie Dein Schullineal. Im Englischen heißt der Zwergpinguin „Little blue penguin", also „Kleiner blauer Pinguin". Er ist nämlich nicht schwarz und weiß gefärbt wie die meisten anderen Arten, sondern blaugrau und weiß. Der Zwergpinguin lebt auf Neuseeland. Als einziger Pinguin brütet er auch in Australien, und zwar entlang der Südküste.

Zwergpinguine verbringen den ganzen Tag im Meer. Dort jagen sie in kleinen Gruppen nach Fischen, Tintenfischen und Krebsen. Haben die hungrigen Pinguine einen Fischschwarm entdeckt, umkreisen sie ihn in immer enger werdenden Bahnen, sodass die Fische ganz dicht zusammenrücken müssen. Dann stoßen zwei oder drei Zwergpinguine in den Schwarm hinein und treiben die Fische auseinander. Nun schnappen sich die Jäger ihre Beute. Erst wenn es dunkel geworden ist, verlassen die Zwergpinguine das Wasser und wandern zu ihren Brutkolonien, um die Jungen zu füttern. Wahrscheinlich können die Zwergpinguine die heißen Sonnenstrahlen nicht so gut vertragen und gehen deshalb erst bei einbrechender Dämmerung an Land.

Mini-Pullis für Zwergpinguine

Öltanker sind eine große Gefahr für Pinguine. Als im Jahr 2.000 so ein Schiff vor der australischen Südküste verunglückte, verschmutzte das ausgelaufene Öl das Gefieder zahlreicher Zwergpinguine. Diese wollten sich davon befreien und putzten sich deshalb ausgiebig. Dabei verschluckten sie das giftige Öl. Um das Putzen zu verhindern, hatten Tierschützer die Idee, kleine Wollpullover für die ölverschmierten Vögel stricken zu lassen, und starteten einen Aufruf im Internet. In kürzester Zeit kamen viele Mini-Pullis zusammen. Jeder verölte Zwergpinguin erhielt nun einen und musste dann nur noch ein bisschen warten, bis ihn die Vogelfreunde von der giftigen Substanz befreiten.

Der kleinste Pinguin der Welt, der Zwergpinguin, geht erst an Land, wenn es dunkel wird

Brillenpinguin

Der etwa 60 Zentimeter große Brillenpinguin ist die einzige afrikanische Pinguin-Art. Er lebt an den Küsten und auf den Inseln Südafrikas. Schmale Hautstreifen umgeben seine Augen. Bei Hitze werden sie stärker durchblutet und sehen dann rosa aus: Der Brillenpinguin trägt sozusagen eine „rosa Brille". Du kannst ihn öfter in Zoos sehen, beispielsweise im Allwetterzoo in Münster. Dort ist der „Pinguinmarsch" eine Attraktion für Jung und Alt: Die Brillenpinguine dürfen für kurze Zeit ihr Gehege verlassen und watscheln dann hintereinander her auf den Besucherwegen.

In der Natur entfernen sich Brillenpinguine zum Jagen nicht weit von ihrer Brutkolonie. Sie bleiben nur wenige Minuten unter Wasser und tauchen meist nicht tiefer als 20 Meter. Ihre Nahrung besteht vor allem aus Schwarmfischen, aber auch aus verschiedenen Krebsarten. Ihre beiden Eier legen die Brillenpinguine in flache Mulden am Strand, die sie mit Seetang und Federn auspolstern. Lieber noch brüten sie in selbst gebauten Höhlen, denn dort sind sie gut vor der Sonnenhitze geschützt. In „Boulders Beach", einem Strand in der Nähe von Kapstadt, lebt eine kleine Kolonie von Brillenpinguinen. Viele Touristen kommen dorthin, um diese Vögel einmal ganz aus der Nähe zu sehen.

Brillenpinguine sind vielen Gefahren ausgesetzt. An Land werden sie Opfer verwilderter Katzen und Hunde oder kommen beim Überqueren viel befahrener Straßen zu Tode. Im Wasser warten gefräßige Robben und Haie auf die Vögel. Eine besonders große Gefahr sind die riesigen Tanker, die an der südafrikanischen Küste vorbeifahren. Immer wieder gibt es Unfälle, und das ausgelaufene Öl verschmiert das Gefieder zahlloser Brillenpinguine.

Beim Jagen bleiben Brillenpinguine nur einige Minuten unter Wasser

Kleiner „Strandspaziergang“ der Brillenpinguine

Reich gedeckter Tisch

Das Meer an den Küsten Chiles und Perus ist kühl. Das liegt am Humboldt-Strom, einer Meeresströmung. Sie transportiert kälteres Wasser von Süden nach Norden. Da Sardellen und andere Schwarmfischarten, die Hauptnahrung der Humboldtpinguine, kühles Wasser bevorzugen, ist der Tisch für diese Vögel hier meist reich gedeckt. Humboldtpinguine wie dieser auf dem Foto jagen gern in kleinen Gruppen, häufig nur kurz unter der Wasseroberfläche. Leider nehmen die Fischbestände immer mehr ab, denn der Mensch macht den Pinguinen mit seinen großen Fangflotten starke Konkurrenz.

Typisch Humboldt-pinguin: ein schwarzes Band auf der Brust und schwarze Punkte auf dem Bauch

Humboldtpinguin

Der Humboldtpinguin verdankt seinen Namen dem deutschen Naturforscher Alexander von Humboldt, der diese Art vor über 200 Jahren auf seiner Reise nach Südamerika entdeckt hat. Der etwa 55 Zentimeter große Humboldtpinguin ist oft auch in Zoos zu sehen. Er hat ein schwarzes Band auf seiner Brust, das sich auf den Flanken nach unten zieht. Charakteristisch sind auch die schwarzen Punkte auf dem Bauch. Der Humboldtpinguin lebt an der Westküste Südamerikas. Er ist im Norden Chiles und in Peru zu Hause und hat sich im Lauf seiner langen Entwicklungsgeschichte an die dort herrschenden hohen Temperaturen angepasst.

Humboldtpinguine brüten in Höhlen, dort ist es angenehm kühl. Die Männchen graben sie in den „Guano". Das sind dicke Schichten, die sich im Lauf der Jahre aus dem Kot ihrer Vorfahren gebildet haben. Da der Mensch den Guano als hochwertigen Dünger abbaut, müssen die Humboldtpinguine ihre Bruthöhlen immer öfter in die Erde graben oder sogar in flachen Mulden nisten. Dann sind sie allerdings der Hitze ausgesetzt und müssen hungrige Feinde fürchten, etwa Füchse.

Galápagospinguine leben am Äquator. Um der Hitze zu entkommen, gehen sie oft ins kühle Wasser.

Galápagospinguin

Der Galápagospinguin ist die seltenste Pinguin-Art der Welt. Er ist leider vom Aussterben bedroht. Nach Schätzungen gibt es nur noch etwa 800 Exemplare. Der Galápagospinguin ähnelt dem Humboldtpinguin, wird aber nur rund 40 Zentimeter groß. Damit ist er der zweitkleinste Pinguin. Seinen Namen hat er von den Galápagosinseln, auf denen er zu Hause ist. Sie liegen am Äquator, und deshalb wird es dort auch immer ziemlich heiß.

Um der Hitze zu entgehen, hält sich der Galápagospinguin fast den ganzen Tag im kühlen Wasser des Pazifiks auf. Dort fängt er zusammen mit Artgenossen kleine Fische wie Sardellen und Sardinen. Galápagospinguine tauchen nur kurz und auch nicht sehr tief. Doch manchmal finden sie nichts zu fressen. Dann verhungern viele. Schuld ist eine Wetteränderung, die immer mal wieder vorkommt. Sie heißt „El Niño" (sprich: El Ninjo). Das Meer erwärmt sich dann, und die an kühleres Wasser angepassten Fischschwärme schwimmen fort. El Niño ist der Hauptgrund für die starken Bestandsabnahmen der Galápagospinguine.

Da es in ihrer Heimat nie kalt wird, können die Galápagospinguine bis zu dreimal im Jahr brüten. Sie nisten in Höhlen, die sie in den Guano graben. Manchmal ziehen sie ihren Nachwuchs auch in Felsspalten groß, die mit Seegras, Blättern und Zweigen ausgepolstert werden. Als Höhlenbrüter sind die Galápagospinguine gut vor Hitze geschützt. Sie müssen allerdings im Wasser und an Land mit Fressfeinden rechnen. Im Wasser sind es beispielsweise verschiedene Arten von Haien oder der Galápagos-Seelöwe, an Land der Galápagos-Bussard, die Sumpfohreule und die Rote Klippenkrabbe. Dieses Krustentier frisst gern die Eier und Küken der Galápagospinguine.

Die Rote Klippenkrabbe ist ein Feind der Galápagospinguine. Sie frisst deren Eier und Küken.

Extra: Das extreme Leben der Kaiserpinguine

Kaiserpinguine sind wahre Überlebenskünstler. Diese imposanten Vögel wohnen rund um die Antarktis und halten dort eisige Schneestürme und extrem niedrige Temperaturen aus. Das können sie nur, weil sie sich hervorragend an diese harten Lebensbedingungen angepasst haben. So sind Kaiserpinguine Meister im Energiesparen: Oft stehen sie einfach bewegungslos auf dem Eis herum oder bewegen sich nur ganz langsam.

Es gibt etwa 220.000 Brutpaare, die sich auf 39 Brutkolonien verteilen. Dort spielt sich das Familienleben der Kaiserpinguine ab. Im März verlassen die Kaiserpinguine das Wasser und wandern auf dem Eis zu ihren Brutplätzen. Da diese oft mehr als hundert Kilometer von der Küste entfernt sind, brauchen die Kaiserpinguine einige Wochen, um ans Ziel zu gelangen. Das ist natürlich sehr anstrengend, und deshalb watscheln sie nicht nur im aufrechten Gang, sondern bewegen sich auch gern auf dem Bauch rutschend vorwärts. Das spart Energie.

Kaiserpinguine stehen einfach auf dem Eis herum, ohne sich zu bewegen. Das ist nicht so anstrengend.

Energiesparen ist auch hier angesagt. Statt zu laufen, rutschen diese Kaiserpinguine lieber auf dem Bauch.

Brüten in der Eiseskälte

Als einzige Vögel brüten die Kaiserpinguine bereits im Winter, also unter äußerst ungünstigen Bedingungen. Den ganzen Tag ist es dunkel, und die Temperaturen fallen auf minus sechzig Grad Celsius. Der Grund für diesen ungewöhnlichen Brutbeginn: Die Entwicklung der Eier und Küken braucht sehr lange, insgesamt neun Monate. In den Monaten Mai und Juni, das ist der Beginn des antarktischen Winters, werden die Eier ausgebrütet. Die Küken benötigen die Zeit von Juli bis zum Januar des folgenden Jahres, bis sie selbstständig sind. Dann ist in der Antarktis wieder Sommer. Die Lebensbedingungen sind nun nicht mehr ganz so extrem, es ist ein wenig wärmer, und die jungen Kaiserpinguine finden genügend zu fressen.

Im April feiern die Kaiserpinguine Hochzeit. Einige Zeit nach der Paarung legt jedes Weibchen ein großes, weißes Ei auf das Eis. Danach ist die Pinguin-Mutter so erschöpft, dass sie zurück zum Meer wandern muss, um wieder zu fressen.

Jetzt ist das Männchen an der Reihe, sich um die Brut zu kümmern. Es rollt das Ei mit seinem Schnabel auf die Füße und bedeckt es mit seiner wärmenden Bauchfalte. Das muss sehr schnell geschehen, denn sonst würde das Ei durch die extreme Kälte absterben.

Den Mai und den Juni verbringen die Männchen hungernd und frierend in der Pinguin-Kolonie, um die Eier auszubrüten. Aber auch, wenn im Juli die Küken schlüpfen, können die Pinguin-Väter nicht sofort ins Meer zurück, um sich zu stärken. Sie müssen den hungrigen Nachwuchs zuerst noch etwa zehn Tage lang füttern, und das, obwohl sie bereits ein Drittel ihres Gewichts verloren haben. Das erste Futter für die jungen Kaiserpinguine besteht aus einer nahrhaften, milchartigen Flüssigkeit, die die Männchen in einer bestimmten Drüse in ihrer Speiseröhre herstellen.

Dieses Kaiserpinguin-Küken sitzt auf den Füßen seines Vaters und lässt sich von der Bauchfalte wärmen

Kaiserpinguine kümmern sich intensiv um ihre Jungen

Jetzt wird es aber Zeit, dass die Weibchen zurückkommen, um die völlig erschöpften Männchen abzulösen. Und meist klappt es auch. Bei der Übergabe der Küken müssen die Paare darauf achten, dass keines der Kleinen auf den eisigen Untergrund fällt, sonst erfriert es sehr schnell. Die Männchen wandern anschließend ins Meer zurück, um sich wieder richtig satt zu fressen. Die Weibchen füttern ihren Nachwuchs mit hervorgewürgten, vorverdauten Fischen, die sie mitgebracht haben. Bis zu drei Kilogramm davon kann ein Weibchen in seinem Magen transportieren.

Ein „warmes" Plätzchen

Wochenlang, bei eisigen Winden und im Dunkel der Polarnacht, stehen die Kaiserpinguin-Männchen hungernd in den Kolonien, um die Eier auszubrüten und sich anschließend noch um die Küken zu kümmern. Damit sie nicht allzu sehr frieren müssen, kuscheln sich die Vögel ganz dicht aneinander. Am wärmsten ist es natürlich in der Mitte der Kolonie. Damit jedes Männchen einmal dort hinkommt, sind die Pinguine in ständiger langsamer Bewegung. Mal halten sich die Vögel am Rand auf und sind dem extremen Wetter ausgesetzt, mal können sie sich im Zentrum der Kolonie ein wenig aufwärmen.

Endlich was zu fressen! Hungrig verschlingt der junge Kaiserpinguin den hervorgewürgten Fisch.

Bis zum Ende des antarktischen Winters, also bis Ende August, wechseln sich beide Eltern bei der Fütterung der Jungen und bei der Beschaffung der Nahrung ab. Später, wenn die Küken schon größer geworden sind und die wärmende Bauchfalte verlassen haben, gehen die Pinguin-Eltern gemeinsam auf Nahrungssuche für sich und ihren Nachwuchs. Die Jungen versammeln sich während dieser Zeit in „Kindergärten", wo sie sich gegenseitig wärmen. Im Januar ist es dann so weit: Es ist wieder Sommer, und die jungen Kaiserpinguine verlassen nach der Mauser, also dem Wechsel ihres Federkleids, die Kolonie und wandern zum Meer, um dort wie die Erwachsenen zu jagen.

In dieser großen Brutkolonie sind junge und erwachsene Kaiserpinguine versammelt – unvorstellbar, aber die Eltern finden ihre Jungen problemlos wieder

Ein bisschen Sonne tut gut!

Großes Pinguin-Quiz

Du bist jetzt ja schon ein richtiger Pinguin-Spezialist. Bestimmt kannst Du Deinen Freunden und Verwandten eine ganze Menge über diese faszinierenden Vögel erzählen. Hast Du Lust, Dein Wissen zu testen? Dann kreuze bei jeder Frage die Antwort mit Bleistift an, die Du für richtig hältst. Manchmal sind auch mehrere richtige Antworten möglich. Auf Seite 56 findest Du die korrekten Antworten. Viel Spaß!

1. Was können Pinguine besonders gut?

a) schwimmen ❍
b) fliegen ❍
c) tauchen ❍
d) laufen ❍

2. Welche Pinguine kannst Du im Zoo am häufigsten sehen?

a) Kaiserpinguine ❍
b) Humboldtpinguine ❍
c) Königspinguine ❍
d) Gelbaugenpinguine ❍

3. Welche Pinguin-Arten sind in der Antarktis zu Hause?

a) Zwergpinguin ❍
b) Brillenpinguin ❍
c) Kaiserpinguin ❍
d) Adeliepinguin ❍

4. Welche Pinguin-Art lebt in den Tropen?

a) Humboldtpinguin ❍
b) Galápagospinguin ❍
c) Goldschopfpinguin ❍

5. Welche Pinguin-Art brütet in Australien?

a) Gelbaugenpinguin ❍
b) Königspinguin ❍
c) Brillenpinguin ❍
d) Zwergpinguin ❍

6. Wie heißt der kleinste Pinguin der Welt?

a) Adeliepinguin ❍
b) Zwergpinguin ❍
c) Eselspinguin ❍
d) Brillenpinguin ❍

7. Wie heißt die weltweit größte Pinguin-Art?

a) Königspinguin .... ❍
b) Felsenpinguin .... ❍
c) Kaiserpinguin .... ❍

8. Wie sind Pinguine an ein Leben im Wasser angepasst?

a) Ihr Körper ist stromlinienförmig .... ❍
b) Sie besitzen Kiemen .... ❍
c) Die Zahl ihrer roten Blutkörperchen ist besonders groß .... ❍
d) Sie haben kurze, flossenartige Flügel .. ❍

9. Was steht auf dem Speisezettel der Pinguine?

a) Krill .... ❍
b) Tintenfische .... ❍
c) Algen .... ❍
d) Fische .... ❍

10. Welche Pinguine ziehen eine bestimmte Nahrung vor?

a) Zwergpinguine .... ❍
b) Humboldtpinguine .... ❍
c) Adeliepinguine .... ❍

11. Welche Pinguine bauen kein eigenes Nest?

a) Brillenpinguine .... ❍
b) Adeliepinguine .... ❍
c) Kaiserpinguine .... ❍

12. Welche Pinguine brüten in Höhlen?

a) Königspinguine .... ❍
b) Galápagospinguine .... ❍
c) Goldschopfpinguine .... ❍
d) Humboldtpinguine .... ❍

13. Welche Pinguin-Art brütet nicht in Kolonien?

a) Adeliepinguin .... ❍
b) Zwergpinguin .... ❍
c) Gelbaugenpinguin .... ❍
d) Goldschopfpinguin .... ❍

14. Wie heißt die seltenste Pinguin-Art der Welt?

a) Zwergpinguin .... ❍
b) Gelbaugenpinguin .... ❍
c) Galápagospinguin .... ❍
d) Brillenpinguin .... ❍

15. Wie heißt die häufigste Pinguin-Art der Welt?

a) Humboldtpinguin .... ❍
b) Goldschopfpinguin .... ❍
c) Adeliepinguin .... ❍
d) Königspinguin .... ❍

16. Warum besuchen Pinguin-Küken einen Kindergarten?

a) Dort ist es nicht so langweilig .... ❍
b) Sie können sich gegenseitig wärmen ... ❍
c) Sie sind dort sicherer vor Feinden .... ❍

17. Vor welchen natürlichen Feinden müssen sich Pinguine in Acht nehmen?

a) vor Raubmöwen .... ❍
b) vor Eisbären .... ❍
c) vor Seeleoparden .... ❍

18. Nenne Gefahren, die Pinguine heute besonders bedrohen!

a) Überfischung .... ❍
b) Jagd .... ❍
c) Meeresverschmutzung .... ❍
d) verwilderte Katzen und Hunde .... ❍

19. Welcher Pinguin taucht am tiefsten?

a) Zwergpinguin .... ❍
b) Kaiserpinguin .... ❍
c) Adeliepinguin .... ❍
d) Königspinguin .... ❍

20. Wie schützen sich Kaiserpinguine vor der Eiseskälte?

a) Sie besitzen eine dicke Fettschicht .... ❍
b) Sie bewegen sich möglichst wenig .... ❍
c) Sie bauen sich Iglus wie die Eskimos ... ❍
d) Sie kuscheln sich dicht aneinander ...... ❍

Lösungen zum Pinguin-Quiz

1) a und c: Pinguine können hervorragend schwimmen und tauchen.

2) b und c: Im Zoo kannst Du häufig Humboldtpinguine und manchmal auch Königspinguine sehen.

3) c und d: In der Antarktis sind Kaiserpinguin und Adeliepinguin zu Hause.

4) b: In den Tropen lebt der Galápagospinguin.

5) d: In Australien brütet der Zwergpinguin.

6) b: Der kleinste Pinguin der Welt heißt Zwergpinguin. Er wird nur etwa 30 Zentimeter groß.

7) c: Größter Pinguin der Welt ist der Kaiserpinguin. Seine Länge beträgt rund einen Meter.

8) a, c und d: Mit ihrem stromlinienförmigen Körper und den kurzen, flossenartigen Flügeln können Pinguine hervorragend schwimmen. Zum langen Tauchen speichern sie viel Sauerstoff in ihren besonders zahlreichen roten Blutkörperchen. Natürlich besitzen Pinguine keine Kiemen. Sie sind ja Vögel und keine Fische.

9) a, b und d: Auf dem Speisezettel der Pinguine stehen Krill, Tintenfische und Fische.

10) b und c: Humboldtpinguine fressen vor allem Sardellen, Adeliepinguine ziehen Krill vor.

11) c: Kaiserpinguine bauen kein eigenes Nest. Die Männchen decken die Eier mit ihrer wärmenden Bauchfalte zu und brüten sie auf ihren Füßen aus.

12) b und d: Galápagospinguine und Humboldtpinguine brüten in Höhlen. Dort sind sie gut vor den heißen Sonnenstrahlen geschützt.

13) c: Der Gelbaugenpinguin brütet nicht in Kolonien. Er baut sein Nest in das dichte Unterholz des neuseeländischen Urwalds.

14) c: Die seltenste Pinguin-Art der Welt ist der Galápagospinguin. Es gibt nur noch rund 800 Exemplare davon

15) b: Die häufigste Pinguin-Art der Welt ist mit etwa 18 Millionen Vögeln der Goldschopfpinguin.

16) b und c: Im „Kindergarten“ können sich die Pinguin-Küken gegenseitig wärmen. Außerdem sind sie dort sicherer vor Feinden.

17) a und c: Die natürlichen Feinde der Pinguine sind Raubmöwen und Seeleoparden. Vor Eisbären brauchen sie sich nicht zu fürchten, denn diese leben auf der Nordhalbkugel und nicht auf der Südhalbkugel wie die Pinguine.

18) a, c und d: Pinguine sind in heutiger Zeit besonders durch Überfischung, durch Meeresverschmutzung und durch verwilderte Hunde und Katzen bedroht. Die Jagd spielt keine große Rolle mehr.

19) b: Am tiefsten taucht der Kaiserpinguin. Er erreicht eine Tauchtiefe von 534 Metern. Königspinguin, Adeliepinguin und Zwergpinguin tauchen jeweils 325, 240 und 30 Meter tief.

20) a, b und d: Kaiserpinguine besitzen eine dicke Fettschicht, die eine Abgabe von Körperwärme an die Umgebung reduziert. Sie bewegen sich nur wenig und meist nur sehr langsam. So sparen sie Energie. In ihren Kolonien wärmen sich die Kaiserpinguine, indem sie sich dicht aneinander kuscheln.

Entdecke die Reihe mit der Eule!

Entdecke die Eulen

Entdecke die Greifvögel

Entdecke die Geier

Entdecke die Rabenvögel

Entdecke die Spechte

Entdecke die Finken

Entdecke die Spatzen

Entdecke die Eisvögel

Entdecke die Zugvögel

Entdecke die Singvögel

Entdecke die Meisen

Entdecke die Kraniche

Entdecke die Störche

Entdecke Schwäne, Gänse & Enten

Entdecke die Möwen

Entdecke die Pinguine

Entdecke die Papageien

Entdecke die Kolibris

Entdecke die Fledermäuse

Entdecke die Hunde

Entdecke die Schafe

Entdecke die Ziegen

Entdecke die Kühe

Entdecke die Pferde

Entdecke die Esel

Entdecke die Igel

Entdecke die Maulwürfe

Entdecke die Waschbären

Entdecke die Biber

Entdecke die Otter

Entdecke heimische Wildtiere

Entdecke die Wölfe

Entdecke die Bären

Entdecke die Tiger

Entdecke die Menschenaffen

Entdecke Affen und Lemuren

Entdecke die Hyänen

Entdecke die Pandas

Entdecke die Elefanten

Entdecke die Nashörner

Entdecke die Giraffen

Entdecke die Antilopen